Crêpes – Omeletts

Carine Buhmann

© 2005 Edition Fona GmbH, Lenzburg

www.fona.ch

Verantwortlich für das Lektorat: Léonie Haefeli-Schmid

Rezepte: Erica Bänziger, Verscio (Seiten 68, 72, 78, 86, 88);

Marianna Buser, Kirchlindach (Seiten 70, 74);

Myriam Hirano-Curtet, Cham (Seiten 84, 90); alle anderen

Rezepte von Carine Buhmann, Liestal

Text Seite 18: Ulrike Gonder, dipl. oec. troph., Hünstetten

Gestaltung: Andrea Heimgartner, Zürich

Foodbilder: Claudia Albisser-Hund, Allschwil (Seiten 23, 25, 27, 29,
31, 33, 35, 37, 39, 41, 59, 61, 63, 65, 77); u.a.

Emotionale Bilder: getty images, München (Seiten 6, 11, 14, 19);
zefa blueplanet, Alipes AG, Zürich (Seiten 20, 52, 66, 80)

Lithos: Neue Schwitter AG, Allschwil; Kneuss Print AG, Lenzburg

ISBN 3-03780-190-5

Inhalt

Wo nicht anders erwähnt, sind die Rezepte für 4 Personen berechnet.

Warenkunde

kinderleicht

Die Zubereitung kann einfacher nicht sein und das kulinarische Erlebnis hat man auf sicher.

Flüssigkeit, Eier und außer bei reinen Eierkuchen auch Mehl sind die Grundzutaten. Man rühre das Ganze zu einem glatten Teig und lasse diesen mindestens 30 Minuten ruhen … und schon kann das Ausbacken beginnen. Omeletts und Crêpes erfreuen sich weltweit großer Beliebtheit. Die Franzosen lieben ihre Crêpes hauchdünn; sie bestreuen sie mit Zucker und Schokoladenstreuseln, bestreichen sie mit Konfitüre oder belegen sie mit Käse- oder Schinkenstreifchen, so wie wir es von vielen Crêperien kennen. Die Italiener schwärmen von ihrer Frittata, einem dicken Eier-Omelett (ohne Mehl), die sie meistens mit Gemüsestückchen anreichern. Nach dem Backen wird die Frittata in Kuchenstücke geschnitten, sie schmeckt lauwarm oder kalt genauso gut. Und die balkanische Küche, dazu zählt auch Österreich, bevorzugt Palatschinken mit süßer Füllung. Über die Landesgrenzen hinaus bekannt ist der legendäre Kaiserschmarren mit feinem Fruchtkompott. Anderswo auf dem Erdball nennt man die Omeletts Pancakes oder Blinis.

rund und bunt

Blinis

Sie stammen aus Russland und werden original mit Hefe und Buchweizenmehl hergestellt. Bei uns ist «Blinis» ein allgemein verwendeter Begriff für kleine Omeletts von etwa 8 cm Durchmesser, die nicht zwingend Buchweizenmehl und Hefe enthalten müssen.

Crêpes

So werden die relativ großen und hauchdünnen Omeletts in Frankreich genannt. Vor allem in der Bretagne findet man viele Crêperien mit einer großen Auswahl an süßen und pikanten Crêpes. Eine weltweit bekannte französische Spezialität ist die Crêpe «Suzette», die mit einer Orangensauce übergossen und dann mit Grand Marnier flambiert wird.

Crespelle

Hauchdünne italienische Eierkuchen, ähnlich den französischen Crêpes. Sie werden vorwiegend süß, aber auch pikant gefüllt.

Eier-Omeletts

Ein typisches Eier-Omelett enthält nur Eier und kein Mehl. Wenn für ein Schaum-Omelett trotzdem ein wenig Mehl verwendet wird, dann ist es für die Stabilität. Zusätzlich werden die Eier getrennt und das Eiweiß zu Schnee geschlagen und am Schluss unter die Masse gezogen. Wenn das Omelett im Backofen gebacken wird, heißt es Omelette soufflée.

Frittata

Italienisches Eier-Omelett, das Gemüse- oder Fleischstreifen enthält und in der Pfanne dick ausgebacken wird. Für Antipasti, Picknicks oder auch als kleine Mahlzeit wird das Eier-Omelett in Kuchenstücke geschnitten und gerne lauwarm oder kalt serviert.

Palatschinken

Österreichischer Begriff für Omelett/Crêpe. Wird meistens dünn ausgebacken und süß gefüllt, z. B. mit Konfitüre, Fruchtkompott. Siehe auch: Schmarren.

Schmarren

Eine österreichische Abwandlung des Omeletts. Für den berühmten Kaiserschmarren wird der Teig in der Pfanne knapp durchgebacken und anschließend mit zwei Gabeln in nicht allzu kleine Stücke gerissen, in Butter kurz gewendet und vor dem Servieren mit Puderzucker bestäubt. Dazu wird nach Belieben «Zwetschgenröster» oder ein anderes Fruchtkompott serviert. Weitere Varianten sind der Topfenschmarren (mit Quark) oder Semmelschmarren (mit Brötchen).

Tortillas

Verwandte unseres Eier-Omeletts in Spanien und Südamerika. Diese dick ausgebackenen Omeletts mit Kartoffelscheiben sowie Zwiebelstreifen werden häufig auch mit anderen Zutaten (Gemüsestückchen, Meeresfrüchte) zubereitet. Die mexikanischen Tortillas sind hingegen hauchdünne, knusprig ausgebackene Fladen aus speziellem Maismehl.

abgewogen

Mengenangaben für Omeletts und Crêpes
für 6 bis 10 Stück, je nach Pfannengröße und Dicke der Omeletts
und Crêpes

Omeletts

2 dl/200 ml Wasser
2 dl/200 ml Milch
150 g Mehl
2 frische Eier
1 EL Öl
½ TL Salz

Crêpes

3 dl/300 ml Milch
3 frische Eier
1–2 EL flüssige Butter
100 g Mehl
½ TL Salz

ausgetrickst

Zart, zarter, am zartesten
Einen Teil der Milch durch Rahm/Sahne ersetzen.

Knusprig, knuspriger
Einen Teil der Milch durch Wasser ersetzen.

Luftiger Teig
Einen besonders luftigen Teig erhält man, wenn man das Wasser durch kohlensäurehaltiges Mineralwasser ersetzt oder steif geschlagenen Eischnee sorgfältig unter die Teigmasse hebt. Auch phosphatfreies Backpulver oder Natron eignen sich als Treibmittel für Eierkuchen.

Welche Flüssigkeit?
In der Regel verwendet man für Omeletts und Crêpes Milch oder man mischt Milch zur Hälfte mit Wasser, Mineralwasser oder Buttermilch. Aber auch Gemüsebrühe, Obstsaft, ja sogar Bier und Wein eignen sich als Flüssigkeit.

Mehlsorten
Für Omeletts und Crêpes eignen sich Dinkel- und Weizenmehl. Beide besitzen einen hohen Kleberanteil, so dass die Omeletts/Crêpes beim Ausbacken nicht reißen oder auseinanderfallen. Zur Abwechslung können auch andere Getreidemehle mit geringerem Kleberanteil, wie

z. B. Mais, Buchweizen, Hafer, Hirse, Grünkern, Kastanienmehl (aus luft-getrockneten Kastanien), Quinua untergemischt werden. Eine bessere Bindefähigkeit erreicht man mit einem zusätzlichen Ei.

Vollkornmehl ist nicht nur nährstoff- und ballaststoffreicher, sondern auch etwas kräftiger im Geschmack als Weißmehl. Wer noch wenig Erfahrung damit hat, findet hier ein paar ideale Rezepte. Vollkornmehl kauft man am besten im Reformhaus oder im Bioladen. Wer im Besitz einer Getreidemühle ist, kann die benötigte Menge stets frisch mahlen. Teig aus Vollkornmehl immer genügend lang quellen lassen und vor dem Ausbacken aufrühren, weil Kleie- und Mehlbestandteile absinken.

Süßen ohne Kristallzucker

Als Zuckerersatz und als natürliche Süßmittel empfehlen sich Akazienhonig, Ahornsirup, Birnendicksaft oder unraffinierter Vollrohrzucker.

Der Honig sollte kalt geschleudert und nicht wärmebehandelt sein. Zum Süßen eignet sich der flüssige, sehr helle Akazienhonig; er hat eine angenehme Süßkraft und ist zugleich geschmacksneutral. Als Ersatz bietet sich heller Blütenhonig mit wenig Eigengeschmack an.

Ebenso dezent süßt Ahornsirup, wobei die Süßkraft und das Aroma von der Qualität abhängig sind. Ein heller, dünnflüssiger Ahornsirup (meist unter der Bezeichnung «Grad A» im Handel) eignet sich am besten, da er bei geringem Eigenaroma gut süßt. Ein Grad-C-Ahornsirup ist dunkel, eher dickflüssig, zudem besitzt er wenig Süßkraft und hat einen intensiven Geschmack.

Birnendicksaft – in der Schweiz als «Birnel» bekannt – ist eingedickter konzentrierter Birnensaft.

Vollrohrzucker aus Zuckerrohr besitzt einen leicht karamellartigen Geschmack und enthält im Gegensatz zu raffiniertem Zucker noch alle Mineralstoffe und Spurenelemente. Auch natürliche Süßmittel sollten

möglichst sparsam verwendet werden. Sie sind im Reformhaus, Bio-laden oder in guten Fachgeschäften erhältlich.

Aromatische Gewürze

Besonders für die süßen Omeletts empfehlen sich Zimt-, Nelken-, Kar-damom- oder Vanillepulver usw. Aber auch Quarkfüllungen und Frucht-kompott lassen sich mit fein duftenden Gewürzen aromatisieren.

Für abgeriebene Zitronen- und Orangenschalen sollte man nur unbe-handelte Zitrusfrüchte verwenden. Als Ersatz eignen sich biologisches ätherisches Orangen- und Zitronenöl. Weil es sehr konzentriert und zudem geschmacksintensiv ist, benötigt man nur 1 bis 2 Tropfen.

Teigruhe

Den Teig mindestens 30 Minuten – Vollkornteig eher etwas länger – ruhen lassen, damit das Mehl genügend quellen kann und der Teig reiß-fest und elastisch wird.

Fett zum Ausbacken

Zum Ausbacken von Omeletts und Crêpes eignen sich Bratbutter/Butterschmalz, Maiskeim- und Olivenöl sowie ungehärtetes Kokosfett. Der Fettstoff sollte nicht zu stark erhitzt und sparsam dosiert werden. Dazu nimmt man am besten einen Backpinsel und verstreicht das Öl oder das durch die Erwärmung flüssig gewordene Fett hauchdünn in der Pfanne.

Butter oder Margarine sind weniger empfehlenswert, da sie bei länge-rem Erhitzen schnell braun werden. Weder Öl noch Fett sollte man über-hitzen. Beim Überschreiten des Rauchpunktes (sichtbar an den blauen Dämpfen) entstehen durch die Fettzersetzung gesundheitlich bedenkliche Stoffe.

Pfannen und Geräte

Es gibt spezielle Crêpes-Pfannen mit niedrigem Rand und flachem Boden und Multi-Crêpes-Geräte, mit denen hauchdünne Crêpes problemlos zubereitet werden können. Für ein gutes Gelingen genügt auch eine schwere und vor allem beschichtete Bratpfanne (z. B. Teflon- oder Titanbelag), in der die Omeletts und Crêpes nicht ankleben und gleichmäßig ausgebacken werden können. Für Omeletts, die beim Wenden brechen oder leicht auseinanderfallen, ist ein flacher, großer Pfannendeckel sehr hilfreich.

Warm halten

Pfannenfrische Omeletts schmecken natürlich am besten. Damit Sie aber trotzdem mit der Familie und den Gästen essen können, backen Sie sie am besten im voraus und stellen sie warm. Dazu füllen Sie einen Kochtopf mit Wasser und erhitzen es; nun einen flachen Teller auf den Topf legen. Die gebackenen Omeletts werden auf dem Teller gestapelt und immer wieder zugedeckt. Durch den aufsteigenden Dampf bleiben die Omeletts heiß, zart und auch weich. Bei großer Menge arbeitet man am besten mit zwei Bratpfannen.

Zubereitung «ohne Küchendienst»

So braucht man wenig Geschirr: Zuerst Flüssigkeit (Milch, Wasser usw.) in ein hohes Rührgefäß mit Maßeinheit (!) und praktischem Ausguss gießen. Die Eier dazugeben und mit dem Schneebesen gut verrühren. Das Mehl und die Gewürze beifügen, zu einem Teig rühren. Wer eine kleine, handliche Küchenwaage besitzt, stellt das Rührgefäß auf die Waage und gibt die gewünschte Mehlmenge gleich dazu. Den Teig vor dem Ausbacken aufrühren und die gewünschte Menge aus dem Gefäß direkt in die heiße Pfanne gießen und ausbacken.

Tiefkühlen

Viele der Omeletts können problemlos eingefroren und bei Zimmertemperatur aufgetaut werden, nach Belieben füllen und im Backofen heiß werden lassen.

Da die Zubereitung aber einfach und schnell ist und die Omeletts frisch immer noch am besten schmecken, sollte man keinesfalls auf Vorrat produzieren. Reste von Omeletts in Streifen schneiden und als Suppeneinlage für eine klare Gemüsebrühe verwenden.

ei, ei, ei

Cholesterinbombe Ei? Nährstoffbombe Ei!

Es soll Menschen geben, denen beim Gedanken an ein Omelett das Blut in den Adern gefriert: Viel zu viel Cholesterin! Dabei ist Cholesterin ein lebensnotwendiger Stoff, der z. B. die Hüllen der Körperzellen und das Gehirn funktionsfähig hält. Ohne Cholesterin wären wir nicht lebensfähig.

Weil der Stoff so wichtig ist, verlässt sich unser Körper nicht darauf, dass wir genug davon essen: 1 bis 2 Gramm Cholesterin stellt er selber her, jeden Tag. Daneben nimmt sich das Viertel Gramm Cholesterin in einem Hühnerei bescheiden aus. Zumal das Lezithin aus dem Ei dafür sorgt, dass nur etwa die Hälfte des Cholesterins verwertet werden kann.

Woher also die Panik? Zu viel Cholesterin im Blut ist ein Risikofaktor für Arterienverkalkung und Herzinfarkt. Ein Risikofaktor wohlgemerkt, keine Ursache! Zu viel Cholesterin im Blut geht einher mit Überernährung, Übergewicht, Stoffwechselstörungen und Bewegungsmangel. Es zeigt an, dass im Körper etwas nicht stimmt. Es kommt nicht vom Eieressen. Und durch Eiverzicht ließe sich kein Infarkt verhindern.

Für Gesunde spielt der Cholesteringehalt des Essens praktisch keine Rolle. Nur bei jedem Dritten reagiert der Cholesterinspiegel im Blut überhaupt auf eine erhöhte Zufuhr über die Nahrung, teilweise mit positiven Veränderungen. Übrigens liefern Eier hochwertiges Eiweiß, Vitamin B12 und D, Folsäure, Eisen und weitere Nährstoffe. Ihr Fett ist von guter Qualität, sie sind leicht verdaulich und unglaublich vielfältig zuzubereiten. Genießen ist angesagt.

Crêpes
Omeletts

pikant

nussig

Buchweizen-Crêpes mit knackigem Gemüse

Mahlzeit

Teig

1½ dl/150 ml Milch
1½ dl/150 ml Mineralwasser
1 EL Maiskeimöl
3 frische Eier
100 g Buchweizenmehl
½ TL Meersalz

Maiskeimöl zum Ausbacken

Füllung

2 EL Olivenöl extra nativ
1 Frühlingszwiebel
200 g Karotten
1 roter Peperoni/Paprikaschote
100 g Kefen/Zuckerschoten
½ dl/50 ml Weißwein oder Sherry
einige Thymianzweigchen
100 g Zuckermaiskörner
  (aus Glas oder Dose)
frisch gemahlener Pfeffer
Kräutermeersalz

geriebener Käse zum Überbacken

1
Für den Teig Milch, Mineralwasser, Öl sowie Eier verquirlen. Mehl und Salz beifügen, zu einem glatten Teig rühren. Zugedeckt 30 Minuten quellen lassen.

2
Die Frühlingszwiebel halbieren und in feine Scheiben schneiden. Die Karotten schälen und in Scheiben schneiden. Den Peperoni längs halbieren oder vierteln, den Stielansatz entfernen, entkernen, Fruchthälften/-viertel quer in Streifen schneiden. Bei den Kefen den Stiel und den zähen Faden entfernen.

3
Das klein geschnittene Gemüse im Olivenöl andünsten, mit dem Weißwein oder dem Sherry ablöschen, das Gemüse knackig garen. Thymianblättchen abstreifen, mit dem Zuckermais beifügen, mit Pfeffer und Kräutersalz würzen. Warm stellen.

4
Backofen (nur Oberhitze mit Grillschlange) auf 220 °C vorheizen.

5
In einer beschichteten Bratpfanne wenig Maiskeimöl nicht zu stark erhitzen. Aus dem Teig 8 Crêpes ausbacken. Immer wieder einige Tropfen Maiskeimöl in die Pfanne geben.

6
Die Crêpes mit dem Gemüse belegen, zusammenklappen. Wenig Reibkäse darüber streuen, in der oberen Hälfte des vorgeheizten Backofens bei 220 °C kurz überbacken.

italia

Rucola-Crêpes mit Tomaten

Mahlzeit

Teig

2 dl/200 ml Milch

2 dl/200 ml Wasser

4 frische Eier

200 g Dinkel- oder Weizen-
weißmehl/Mehltype 550/630

½ TL Meersalz

1 Hand voll Rucola

1 kleine Knoblauchzehe

Maiskeimöl zum Ausbacken

Füllung

1 EL Olivenöl extra nativ

1 kleine Zwiebel

500 g Cherrytomaten

150 g Mozzarellakugeln
(etwa 20 Stück)

10 Baumnuss-/
Walnusskernhälften

1 TL Balsamico-Essig

frisch gemahlener Pfeffer

Meersalz

1 Hand voll Rucola

1

Für den Teig Milch, Wasser und Eier verquirlen. Mehl und Salz beifügen, glatt rühren. Teig mindestens 30 Minuten zugedeckt quellen lassen. Rucola in Streifen schneiden und unter den Teig rühren. Die geschälte Knoblauchzehe dazu pressen.

2

Für die Füllung die Zwiebel schälen und sehr fein hacken. Die Cherrytomaten und die Mozzarellakugeln halbieren. Die Nüsse grob hacken.

3

In einer beschichteten Bratpfanne wenig Maiskeimöl nicht zu stark erhitzen. Aus dem Teig 8 Crêpes ausbacken. Immer wieder einige Tropfen Öl in die Pfanne geben. Die Crêpes warm stellen.

4

Die Zwiebeln im heißen Olivenöl andünsten. Cherrytomaten, Mozzarella und Nüsse beifügen, kurz und unter Bewegen der Pfanne mitdünsten. Den Balsamico-Essig darüber träufeln, mit Pfeffer und Salz würzen. Den Rucola klein schneiden und darüber streuen. Die Pfanne von der Wärmequelle nehmen.

5

Die Füllung auf die Crêpes verteilen, zusammenklappen. Sofort servieren.

Variante

Baumnüsse/Walnüsse durch Pinienkerne ersetzen.

scharf

Kürbiscrêpes mit scharfem Rindsfleisch-Kürbis-Ragout

Mahlzeit

Teig

200 g mehliges Kürbisfleisch,
   z. B. Potimarron, Hubbard,
   gewürfelt
ca. 1 dl/100 ml kohlensäurehaltiges Mineralwasser
1 EL Maiskeimöl
3 frische Eier
100 g Dinkel- oder Weizen-
   weißmehl/Mehltype 550/630
½ TL Meersalz

Maiskeimöl zum Ausbacken

Ragout

1 EL Olivenöl extra nativ
1 kleine Zwiebel
2 Knoblauchzehen
300 g fruchtiges Kürbisfleisch,
   z. B. Muscade de Provence,
   gewürfelt
½ dl/50 ml Gemüsebrühe
1 EL Olivenöl extra nativ
600 g Bio-Rindsfleisch,
   in Streifen
1–2 EL scharfes Currypulver
   (Madras)
1 TL Meersalz
frisch gemahlener Pfeffer
4 EL Rahm/Sahne

1
Für die Crêpes die Kürbiswürfel über Dampf weich garen, pürieren, das Püree in einem Chromstahlsieb abtropfen und auskühlen lassen.

2
Kürbispüree, Mineralwasser, Öl und Eier verquirlen. Mehl und Salz beifügen, zu einem glatten Teig rühren. Mindestens 30 Minuten zugedeckt quellen lassen.

3
Für die Füllung die Zwiebel und die Knoblauchzehen schälen und fein hacken, im heißen Olivenöl andünsten. Die Kürbiswürfelchen und die Gemüsebrühe beifügen und knapp weich garen.

4
Das Fleisch in einer zweiten Bratpfanne im heißen Olivenöl anbraten, mit Curry, Salz und Pfeffer kräftig würzen, zu den Kürbiswürfeln geben und mit dem Rahm verfeinern. Warm stellen.

5
In einer beschichteten Bratpfanne wenig Maiskeimöl nicht zu stark erhitzen. Falls der Teig zu dickflüssig ist, mit wenig Mineralwasser verdünnen. Aus dem Teig 8 Crêpes ausbacken. Immer wieder ein paar Tropfen Öl in die Pfanne geben. Die Crêpes warm stellen.

6
Das Fleisch-Kürbis-Ragout auf die Crêpes verteilen und zusammenklappen. Sofort heiß servieren.

Variante
Die Fleischstreifen durch Hackfleisch ersetzen.

winterlich

Hirsecrêpes mit Wurzelgemüse

Mahlzeit

Teig

2 dl/200 ml Milch

1 dl/100 ml kohlensäurehaltiges
  Mineralwasser

1 EL Maiskeimöl

3 frische Eier

80 g Dinkel- oder Weizen-
  weißmehl/Mehltype 550/630

50 g feine Hirseflocken

½ TL Meersalz

Maiskeimöl zum Ausbacken

Füllung

1 TL Bratbutter/Butterschmalz

1 Schalotte

350 g Karotten

350 g Pfälzer (gelbe Rüben)

½ dl/50 ml Gemüsebrühe

3 EL Rahm/Sahne

1 EL fein gehackte Petersilie

frisch gemahlener Pfeffer

Meersalz

1

Für den Teig Milch, Mineralwasser, Öl und Eier verquirlen. Mehl, Hirseflocken und Salz beifügen und zu
einem glatten Teig rühren. Mindestens 30 Minuten
zugedeckt quellen lassen.

2

Die Karotten und die Pfälzer Rüben schälen und in
Scheiben schneiden, mit den fein gehackten Schalotten
in der Bratbutter andünsten, mit der Gemüsebrühe
ablöschen, weich garen. Den Rahm und die Petersilie
unterrühren, mit Pfeffer und Salz abschmecken.

3

In einer beschichteten Bratpfanne wenig Maiskeimöl
nicht zu stark erhitzen. Den Teig nochmals aufrühren.
Aus dem Teig 8 Crêpes ausbacken.

4

Die Crêpes mit dem Gemüse belegen und zusammenklappen.

Pfälzer

Gelbe Wurzel, beim Krautansatz hellgrün, etwas größer
als die Karotte. Herber und erdiger Geschmack. Wird
in kleineren Mengen in Mitteleuropa angebaut.

viel grün

Crêpesrollen mit Kräuterfrischkäse

Mahlzeit

Teig

3 dl/300 ml Milch
2 EL Kräuterfrischkäse
3 frische Eier
100 g Dinkel- oder Weizen-
   weißmehl/Mehltype 550/630
1 Msp Meersalz
1 Bund Schnittlauch

Maiskeimöl zum Ausbacken

Füllung

125 g Kräuterfrischkäse
125 g Sauerrahm/Crème fraîche
1 Bund Schnittlauch
Meersalz
frisch gemahlener Pfeffer

1

Für den Teig Milch, Kräuterfrischkäse und Eier verquirlen. Mehl und Salz beifügen, zu einem glatten Teig
rühren. Den Schnittlauch fein schneiden, unterrühren.
Mindestens 30 Minuten zugedeckt quellen lassen.

2

Für die Füllung den Kräuterfrischkäse und den Sauerrahm verrühren. Den Schnittlauch fein schneiden
und unterrühren, mit Salz und Pfeffer abschmecken.

3

In einer beschichteten Bratpfanne wenig Maiskeimöl
nicht zu stark erhitzen. Aus dem Teig 8 Crêpes ausbacken. Immer wieder einige Tropfen Öl in die Pfanne
geben. Auskühlen lassen.

4

Kräuterfrischkäsefüllung auf den Crêpes ausstreichen,
satt einrollen, in Stücke schneiden.

Variante

Zusätzlich Tomatenwürfelchen auf die Füllung verteilen.

asia

Crêpes mit asiatischem Gemüse

Mahlzeit

Teig

1½ dl/150 ml Milch

1½ dl/150 ml kohlensäure-
  haltiges Mineralwasser

3 frische Eier

2 EL Sesamöl

4 EL Sesamsamen

100 g Dinkel- oder Weizen-
  weißmehl/Mehltype 550/630

½ TL Meersalz

Maiskeimöl zum Ausbacken

Füllung

2 EL Sesamöl

1 kleine Zwiebel

wenig Ingwerwurzel

6 getrocknete Shiitake

1–2 Karotten

250 g Brokkoli

½ kleiner Chinakohl

2–3 Spross Stangensellerie

½ dl/50 ml Wasser

1–2 EL pikante Sojasauce

1 EL Sesamöl

1 TL Maisstärke

2 EL Sesamsamen

1 Hand voll Sojasprossen

wenig Meersalz

frisch gemahlener Pfeffer

1

Die Pilze einige Stunden in kaltes Wasser einlegen, gut ausdrücken, in Streifen schneiden.

2

Für den Teig Milch, Mineralwasser und Eier verquirlen. Sesamöl, Sesamsamen, Mehl sowie Salz zufügen, zu einem glatten Teig rühren. Mindestens 30 Minuten zugedeckt quellen lassen.

3

Die Zwiebel schälen, in feine Streifen schneiden. Die Ingwerwurzel schälen, fein hacken. Die Karotten schälen und in feine Stäbchen schneiden. Den Chinakohl in Streifen, den Sellerie in Scheiben schneiden. Den Brokkoli in kleine Röschen brechen.

4

Zwiebeln, Ingwer und Shiitake im heißen Sesamöl andünsten, das Gemüse beifügen und 1 bis 2 Minuten rührbraten. Mit dem Wasser und der Sojasauce ablöschen, das Gemüse knackig garen. Sesamöl und die mit wenig Wasser angerührte Maisstärke sowie Sesamsamen unterrühren, kurz köcheln. Die Sprossen unterrühren, mit Salz und Pfeffer abschmecken.

5

In einer beschichteten Bratpfanne wenig Maiskeimöl nicht zu stark erhitzen. Aus dem Teig 8 Crêpes aus-backen. Immer wieder einige Tropfen Maiskeimöl in die Pfanne geben. Warm stellen.

6

Die Crêpes mit der Gemüsemischung belegen.

süss-würzig

Crêpes mit Pilz-Trauben-Füllung

Mahlzeit

Teig

2 dl/200 ml Milch

1 dl/100 ml Buttermilch

1 EL Maiskeimöl

3 frische Eier

100 g Dinkel- oder Weizen-
weißmehl/Mehltype 550/630

½ TL Meersalz

3–4 Morcheln

Maiskeimöl zum Ausbacken

Füllung

2 EL Olivenöl extra nativ

1 Schalotte

2 Knoblauchzehen

600 g gemischte Pilze,
z. B. Champignons, Eier-
schwämmchen/Pfifferlinge,
Austernpilze, Shiitake,
Morcheln, Totentrompeten,
Steinpilze

1 EL gehackte Petersilie

3 EL trockener Sherry

3 EL Sauerrahm/saure Sahne

frisch gemahlener Pfeffer

Meersalz

200 g kernlose grüne
Traubenbeeren

1

Für den Teig Milch, Buttermilch, Öl sowie Eier verquirlen. Mehl und Salz beifügen, zu einem glatten Teig
rühren. Mindestens 30 Minuten zugedeckt quellen
lassen. Die Morcheln fein hacken und untermischen.

2

Die Schalotte und die Knoblauchzehen schälen und
fein hacken. Die Pilze putzen, nur bei starker Ver-
schmutzung waschen, je nach Größe klein schneiden.
Die Traubenbeeren halbieren.

3

Schalotten, Knoblauch, Pilze und Petersilie im heißen
Olivenöl andünsten, den Sherry zugeben, einkochen
lassen. Den Sauerrahm unterrühren, mit Pfeffer und Salz
würzen. Die Traubenbeeren untermischen. Warm
stellen.

4

In einer beschichteten Bratpfanne wenig Maiskeimöl
nicht zu stark erhitzen. Aus dem Teig 8 Crêpes ausbacken. Immer wieder einige Tropfen Öl in die Pfanne
geben. Die Crêpes warm stellen.

5

Die Pilz-Trauben-Mischung auf die Crêpes verteilen,
diese falten. Sofort heiß servieren.

mediterran

Crêpes mit Peperonata

Mahlzeit

Teig

2 dl/200 ml Milch

1 dl/100 ml kohlensäurehaltiges
   Mineralwasser

3 frische Eier

100 g Dinkel- oder Weizen-
   weißmehl/Mehltype 550/630

½ TL Meersalz

Maiskeimöl zum Ausbacken

Füllung

2 EL Olivenöl extra nativ

1 kleine Zwiebel

1 Knoblauchzehe

2 kleine gelbe Peperoni/
   Paprikaschoten

2 kleine rote Peperoni/
   Paprikaschoten

2 kleine grüne Peperoni/
   Paprikaschoten

frisch gemahlener Pfeffer

Meersalz

einige Thymianzweigchen

wenig Reibkäse zum Überbacken

1

Für den Teig Milch, Mineralwasser und Eier verquirlen. Mehl und Salz beifügen, zu einem glatten Teig rühren. Mindestens 30 Minuten zugedeckt quellen lassen.

2

Die Zwiebel und die Knoblauchzehe schälen und fein hacken. Die Peperoni halbieren, den Stielansatz und die Kerne entfernen, die Fruchthälften in Streifen und diese in Quadrate schneiden.

3

Das Olivenöl nicht zu stark erhitzen, die Zwiebeln, dann den Knoblauch zugeben, andünsten. Die Peperoni zugeben und weich dünsten, mit Pfeffer und Salz würzen. Die Blättchen der Thymianzweigchen abstreifen und unterrühren. Warm halten.

4

Backofen (bei Grillschlange nur Oberhitze) auf 220 °C vorheizen.

5

In einer beschichteten Bratpfanne wenig Maiskeimöl nicht zu stark erhitzen. Aus dem Teig ungefähr 8 Crêpes ausbacken. Immer wieder einige Tropfen Maiskeimöl in die Pfanne geben. Die Crêpes warm stellen.

6

Die Peperonata auf die Crêpes verteilen, einrollen. In eine eingefettete Gratinform legen, wenig Reibkäse darüber streuen. In der oberen Hälfte des vorgeheizten Backofens bei 220 °C kurz überbacken.

primavera

Bärlauchcrêpes mit Grünspargel

Mahlzeit

Teig

1½ dl/150 ml Milch

1½ dl/150 ml kohlensäure-
   haltiges Mineralwasser

2 EL Olivenöl extra nativ

3 frische Eier

100 g Dinkel- oder Weizen-
   weißmehl/Mehltype 550/630

2 EL Bärlauchpesto

Maiskeimöl zum Ausbacken

500 g grüner Spargel

Bärlauchpesto

8 EL Olivenöl extra nativ

2 Bund Bärlauchblätter

3 EL Pinienkerne

2 Knoblauchzehen

Meersalz, Pfeffer

wenig Zitronensaft

Bärlauchsauce

1 EL Butter

1 Schalotte

½ dl/50 ml Weißwein

2 dl/200 ml Rahm/Sahne

1–2 EL Bärlauchpesto

Meersalz, Pfeffer

1

Für den Pesto die Stiele der Bärlauchblätter entfernen, die Blätter in Streifen schneiden. Knoblauchzehen schälen und grob hacken. Olivenöl, Bärlauch, Pinienkerne und Knoblauch pürieren, mit Salz, Pfeffer und Zitronensaft abschmecken.

2

Für den Teig Milch, Mineralwasser, Olivenöl und Eier verquirlen. Mehl und Bärlauchpesto unterrühren, zu einem glatten Teig rühren. Mindestens 30 Minuten zugedeckt quellen lassen.

3

Die Schnittstelle beim Spargel kappen, unteres Drittel eventuell schälen. Spargel über Dampf knackig garen, je nach Dicke 5 bis 8 Minuten. Warm stellen.

4

Für die Sauce die Schalotte schälen und fein hacken, in der Butter andünsten. Den Weißwein zugeben, auf die Hälfte einkochen lassen. Rahm und Pesto unterrühren, die Sauce sämig einköcheln lassen, abschmecken.

5

In einer beschichteten Bratpfanne wenig Maiskeimöl nicht zu stark erhitzen. Aus dem Teig 8 Crêpes ausbacken.

6

Crêpes mit dem Grünspargel belegen, die Bärlauch-sauce darüber verteilen, einrollen. Sofort heiß servieren.

Crêpes mit Schwarzwurzeln an Morchelsauce

Mahlzeit

Teig

2 dl/200 ml Milch

1 dl/100 ml trockener Weißwein

3 frische Eier

100 g Dinkel- oder Weizen-
    weißmehl/Mehltype 550/630

½ TL Meersalz

Maiskeimöl zum Ausbacken

600 g Schwarzwurzeln

Sauce

1 TL Bratbutter/Butterschmalz

1 Schalotte

150 g kleine frische Morcheln

½ dl/50 ml Weißwein

1 Becher (200 g) Sauerrahm/
    saure Sahne

1–2 EL Senf

2 EL fein gehackte Petersilie

frisch gemahlener Pfeffer

Meersalz

1

Für den Teig Milch, Weißwein und Eier verquirlen,
Mehl und Salz beifügen, zu einem glatten Teig rühren.
Mindestens 30 Minuten quellen lassen.

2

Schwarzwurzeln unter fließendem Wasser gut bürsten,
im kochenden Salzwasser etwa 10 Minuten kochen.
Die Schwarzwurzeln schälen und in 3 cm kleine Stücke
schneiden.

3

Die Schalotte schälen und fein hacken. Die Morcheln
längs aufschneiden und unter fließendem Wasser
reinigen. Die Schalotten zusammen mit den Morcheln in
der heißen Bratbutter andünsten. Den Weißwein
zugeben und etwas einköcheln lassen. Sauerrahm, Senf
und Petersilie unterrühren, würzen. Schwarzwurzeln
zufügen, vor dem Servieren nochmals erhitzen.

4

In einer beschichteten Bratpfanne wenig Maiskeimöl
nicht zu stark erhitzen und aus dem Teig 8 bis 10 Crêpes
ausbacken. Immer wieder einige Tropfen Maiskeimöl
in die Pfanne geben. Die Crêpes warm stellen.

5

Die Pilzsauce mit den Schwarzwurzeln auf die Crêpes
verteilen, zusammenklappen. Sofort heiß servieren.

Tipp

Es ist wichtig, die Morcheln gründlich zu waschen,
damit Verunreinigungen wie Sand aus den vielen kleinen
Hohlräumen ausgeschwemmt werden. Es können
aber auch getrocknete Morcheln verwendet werden.

edel

Crêpes mit Spargel an Safransauce

Mahlzeit

Teig

4 dl/400 ml Milch

4 frische Eier

120 g Dinkel- oder Weizen-
   weißmehl/Mehltype 550/630

2 Prisen Meersalz

Maiskeimöl zum Ausbacken

Füllung

700–800 g grüner Spargel

1½ dl/150 ml Gemüsebrühe

¾ dl/75 ml Weißwein

einige Safranfäden

2 dl/200 ml Rahm/Sahne

frisch gemahlener Pfeffer

Meersalz

1

Für den Teig Milch und Eier verquirlen. Mehl und Salz
zufügen und zu einem glatten Teig rühren. Mindestens
30 Minuten zugedeckt quellen lassen.

2

Beim Grünspargel Schnittstelle großzügig kappen,
das untere Drittel eventuell schälen. Die Stangen in
2 bis 3 cm lange Stücke schneiden. In einem Topf
Gemüsebrühe, Weißwein und Safranfäden aufkochen,
Spargelstücke zugeben, etwa 10 Minuten köcheln
lassen. Sobald der Spargel knapp gar ist, den Rahm
unterrühren, mit Pfeffer und Salz abschmecken,
die Sauce etwa 5 Minuten cremig einköcheln lassen.

3

In einer beschichteten Bratpfanne wenig Maiskeimöl
nicht zu stark erhitzen, aus dem Teig 8 Crêpes ausbacken. Warm stellen.

4

Das Spargelgemüse auf die Crêpes verteilen, zweimal
falten. Sofort heiß servieren.

rezent

Crêpes-Schnecken mit Lauchfüllung

für 4 Personen als Mahlzeit
für 6 bis 8 Personen als Vorspeise

Teig

3 dl/300 ml Milch
1 EL flüssige Butter
3 frische Eier
100 g Dinkel- oder Weizen-
   weißmehl/Mehltype 550/630
½ TL Meersalz

Maiskeimöl zum Ausbacken

Füllung

1 EL Bratbutter/Butterschmalz
kleine Zwiebel
3 Knoblauchzehen
600 g Lauch
1 dl/100 ml Wasser
Gemüsebrühepulver
200 g Kräuter-Frischkäse,
   z. B. Cantadou oder Boursin
frisch gemahlener Pfeffer
Meersalz

2 dl/200 ml Milch oder
   halb Milch/halb Rahm/Sahne
2–3 EL fein geriebener Gruyère

1

Für den Teig Milch, Butter und Eier verquirlen. Mehl und Salz beifügen, glatt rühren. Mindestens 30 Minuten quellen lassen.

2

Die Zwiebel und die Knoblauchzehen schälen, fein hacken. Den Lauch putzen, in feine Streifen schneiden. Zwiebeln und Knoblauch in der heißen Bratbutter andünsten, den Lauch zufügen und mitdünsten. Das Wasser zugeben, mit dem Gemüsebrühepulver würzen. Den Lauch knackig dünsten, in einem Sieb abtropfen lassen. Den Frischkäse mit dem Lauch vermengen, mit Pfeffer und Salz abschmecken.

3

Den Backofen auf 180 °C vorheizen.

4

In einer beschichteten Bratpfanne wenig Maiskeimöl nicht zu stark erhitzen. Aus dem Teig 6 Crêpes aus-backen. Immer wieder einige Tropfen Maiskeimöl in die Pfanne geben.

5

Die Lauchmischung auf den Crêpes gleichmäßig bis an den Rand ausstreichen, satt einrollen. Crêpes-rollen in etwa 4 cm breite Stücke schneiden und mit der Schnittfläche nach oben dicht nebeneinander in eine eingefettete Gratinform stellen. Die Milch oder die Milch-Rahm-Mischung darüber gießen, mit dem Käse bestreuen.

6

Die Crêpes-Schnecken im Backofen bei 180 °C etwa 20 Minuten überbacken.

vital

Maisomeletts mit Mischgemüse

Mahlzeit

Teig

3 dl/300 ml Milch

2 EL flüssige Butter

2 frische Eier

75 g feines Maismehl

75 g Dinkel- oder Weizen-
   weißmehl/Mehltype 550/630

½ TL Meersalz

Maiskeimöl zum Ausbacken

Füllung

2 EL Olivenöl extra nativ

1 kleine Zwiebel

600 g Saisongemüse,
   z. B. Karotten, Kürbis, Sellerie,
   Zucchini

etwa 1 dl/100 ml Gemüsebrühe

1–2 EL fein gehackte Kräuter

frisch gemahlener Pfeffer

Meersalz

1

Für den Teig Milch, flüssige Butter und Eier verquirlen. Mehle und Salz beifügen, zu einem glatten Teig rühren. Mindestens 30 Minuten zugedeckt quellen lassen.

2

Die Zwiebel schälen und fein hacken. Das Gemüse putzen/schälen, in Stäbchen, Scheiben oder kleine Würfel schneiden.

3

Die Zwiebeln im Olivenöl andünsten, das Gemüse beigeben und mitdünsten, mit ein wenig Gemüsebrühe ablöschen, bei schwacher Hitze knackig dünsten, die Kräuter unterrühren, mit Pfeffer und Salz würzen.

4

In einer beschichteten Bratpfanne wenig Maiskeimöl nicht zu stark erhitzen. Aus dem Teig 8 Omeletts backen. Immer wieder einige Tropfen Maiskeimöl in die Pfanne geben. Warm stellen.

5

Mischgemüse auf die Omeletts verteilen, ein zweites Omelett darauf legen.

Variante

Anstelle von Gemüse eine feine Tomatensauce dazu servieren.

sonnig

Crêpes mit Fenchelgemüse an Safransauce

Mahlzeit

Teig

3 dl/300 ml Milch

1 EL flüssige Butter

3 frische Eier

100 g Dinkel- oder Weizen-
  weißmehl/Mehltype 550/630

1 Msp Meersalz

Maiskeimöl zum Ausbacken

Füllung

3–4 mittelgroße Fenchel

1 dl/100 ml Gemüsebrühe

½ dl/50 ml Weißwein

einige Safranfäden

1 dl/100 ml Rahm/Sahne

3 EL Sauerrahm/saure Sahne

frisch gemahlener Pfeffer

Meersalz

1

Für den Teig Milch, Butter und Eier verquirlen. Mehl und Salz beifügen, zu einem glatten Teig rühren. Mindestens 30 Minuten zugedeckt quellen lassen.

2

Den Fenchel vom Grün befreien. Das Grün beiseite legen. Die Knollen putzen, längs halbieren und quer in feine Streifen schneiden. Gemüsebrühe, Weißwein und Safranfäden erhitzen, den Fenchel beifügen und bei schwacher Hitze köcheln lassen, bis das Gemüse knapp weich ist, den Rahm und den Sauerrahm unterrühren, mit Pfeffer und Salz abschmecken, wenig einköcheln lassen.

3

In einer beschichteten Bratpfanne ein wenig Maiskeimöl nicht zu stark erhitzen. Aus dem Teig 4 bis 8 Crêpes ausbacken. Immer wieder einige Tropfen Maiskeimöl in die Pfanne geben. Die Crêpes warm stellen.

4

Das Fenchelgemüse auf die Crêpes verteilen, zu Tüten einrollen. Mit etwas Fenchelgrün garnieren. Heiß servieren.

blumig

Crêpes mit Brokkoli und Blumenkohl

Mahlzeit

Teig

1½ dl/150 ml Milch

1½ dl/150 ml kohlensäure-
  haltiges Mineralwasser

1 EL flüssige Butter

3 frische Eier

100 g Dinkel- oder Weizen-
  weißmehl/Mehltype 550/630

½ TL Meersalz

Maiskeimöl zum Ausbacken

Füllung

2 EL Olivenöl extra nativ

1 Schalotte

120 g Eierschwämmchen/
  Pfifferlinge

einige Thymianzweigchen

1 TL Gemüsebrühepulver

5 EL trockener Sherry

400 g Brokkoli

400 g Blumenkohl

1 dl/100 ml Rahm/Sahne,
  nach Belieben

Meersalz

frisch gemahlener Pfeffer

1

Für den Teig Milch, Mineralwasser, Butter und Eier verquirlen. Mehl und Salz beifügen, zu einem glatten Teig rühren. Mindestens 30 Minuten zugedeckt quellen lassen.

2

Den Brokkoli und den Blumenkohl in die einzelnen Röschen brechen/schneiden, mit wenig Gemüsebrühepulver bestreuen und im Dampf knapp weich garen.

3

Die Schalotte schälen und fein hacken. Die Pilze putzen und je nach Größe klein schneiden. Die Schalotten und die Pilze im heißen Olivenöl andünsten. Thymianblättchen abstreifen und unterrühren. Den Sherry und etwas Wasser zugeben und kurz köcheln lassen. Brokkoli und Blumenkohl untermischen. Nach Belieben mit Rahm verfeinern, abschmecken. Warm stellen.

4

In einer beschichteten Bratpfanne wenig Maiskeimöl nicht zu stark erhitzen. Aus dem Teig Crêpes ausbacken. Immer wieder einige Tropfen Maiskeimöl in die Pfanne geben. Die Crêpes warm stellen.

5

Das Gemüse auf die Crêpes verteilen, zu einer Tüte falten. Sofort servieren.

Crêpes
Omeletts

süß

leicht

Omelett-Päckchen mit Quark-füllung und Aprikosenkompott

für 6 bis 8 Personen als Dessert

Teig

3 dl/300 ml Buttermilch

2 EL Rahm/Sahne

2 frische Eier

100 g Dinkel- oder Weizen-
   weißmehl/Mehltype 550/630

1 TL phosphatfreies Backpulver

1 TL Bourbon-Vanillezucker

1 Prise Meersalz

Bratbutter/Butterschmalz
   zum Ausbacken

Füllung

350 g Magerquark

1–2 EL gesiebter Vollrohrzucker

1 TL abgeriebene Schale
   einer unbehandelten Zitrone

2 TL Bourbon-Vanillezucker

Kompott

500 g reife Aprikosen

3–4 EL Wasser

½ TL Kardamompulver

gesiebter Vollrohrzucker,
   je nach Süße der Früchte

2 EL Mandelblättchen

1

Für den Teig Buttermilch, Rahm und Eier verquirlen. Mehl, Backpulver, Vanillezucker und Salz beifügen, zu einem glatten Teig rühren. 30 Minuten zugedeckt quellen lassen.

2

Für die Füllung Quark, Vollrohrzucker, Zitronenschalen und Vanillezucker verrühren, kühl stellen.

3

Die Aprikosen halbieren, entsteinen und den Stielansatz wegschneiden, die Fruchthälften nochmals halbieren. Aprikosen, Wasser und Kardamompulver bei schwacher Hitze ein paar Minuten köcheln lassen. Das Kompott abkühlen lassen.

4

Mandelblättchen in einer Bratpfanne trocken rösten.

5

In einer beschichteten Bratpfanne wenig Bratbutter nicht zu stark erhitzen. Aus dem Teig 6 bis 8 Omeletts ausbacken. Immer wieder ein wenig Bratbutter in die Pfanne geben. Omeletts auskühlen lassen.

6

2 bis 3 Esslöffel Quarkcreme in die Mitte der Omeletts geben, glatt streichen. Die Omeletts zu Päckchen einschlagen. Auf Tellern anrichten. Mit dem Aprikosen-kompott umgeben. Mandelblättchen darüber streuen.

exotisch

Crêpes mit Winterfrüchten an Mascarpone-Creme

für 6 bis 8 Personen als Dessert

Teig

2 dl/200 ml Milch

1½ dl/150 ml Rahm/Sahne

2 frische Eier

100 g Dinkel- oder Weizen-
   weißmehl/Mehltype 550/630

1–2 EL Akazienblütenhonig

1 Prise Meersalz

Bratbutter/Butterschmalz
   zum Ausbacken

Füllung

1 Orange, 2 Clementinen

1 Banane, 1 Kiwi

1 Birne, 1 roter Apfel

2 frische oder getrocknete Feigen

Creme

250 g Mascarpone oder halb
   Mascarpone/halb Magerquark

1 unbehandelte Orange,
   abgeriebene Schale und Saft

2 EL Akazienblütenhonig

1 Msp Kardamompulver

1 EL Orangenlikör, nach Belieben

2 EL gehackte Pistazienkerne

1

Für den Teig Milch, Rahm und Eier verquirlen. Mehl, Honig und Salz beifügen, zu einem glatten Teig rühren. Mindestens 30 Minuten zugedeckt quellen lassen.

2

Alle Früchte, ohne Apfel und Feigen, schälen. Bei Bedarf entkernen, in Würfel, Scheiben, Streifen oder Schnitze schneiden/trennen.

3

Sämtliche Zutaten für die Creme glatt rühren.

4

In einer beschichteten Bratpfanne wenig Bratbutter nicht zu stark erhitzen und aus dem Teig 6 bis 8 Crêpes ausbacken. Immer wieder ein wenig Bratbutter in die Pfanne geben. Die Crêpes auskühlen lassen.

5

Crêpes zur Hälfte mit der Creme bestreichen und die Früchte darauf verteilen, die Pistazien darüber streuen. Zusammenklappen.

sahnig

Schokoladencrêpes Schwarzwälderart

für 6 bis 8 Personen als Dessert

1
Für den Teig Milch, Butter und Eier verquirlen. Mehl, Schokoladenpulver und Salz beifügen, zu einem glatten Teig rühren. Mindestens 30 Minuten zugedeckt quellen lassen.

2
In einer beschichteten Bratpfanne wenig Bratbutter nicht zu stark erhitzen und aus dem Teig 6 bis 8 Crêpes ausbacken. Auskühlen lassen.

3
Den Rahm steif schlagen, auf den Crêpes ausstreichen, mit einigen Sauerkirschen belegen, die Crêpes 2 Mal falten.

Teig

3 dl/300 ml Milch
1 EL flüssige Butter
3 frische Eier
100 g Dinkel- oder Weizen-
   weißmehl/Mehltype 550/630
4 EL Schokoladenpulver
1 Prise Meersalz

Bratbutter/Butterschmalz
   zum Ausbacken

2½ dl/250 ml Rahm/Sahne
250 g entsteinte Sauerkirschen
   aus dem Glas

Varianten

Für eine Vanillecreme (anstelle von Schlagrahm/-sahne) 1 EL Maisstärke mit ein wenig Milch in einer Pfanne glatt rühren, 4 dl/400 ml Milch zugeben, 2 EL Bourbon-Vanillezucker und 2 frische Eier kräftig unterrühren, unter ständigem Rühren mit dem Schneebesen bei schwacher Hitze erwärmen und vor den Kochpunkt bringen. Die Pfanne sofort von der Wärmequelle nehmen, die Creme in eine Schüssel umfüllen, unter gelegentlichem Rühren auskühlen lassen. Für Bananen-crêpes sehr fein geschnittene Bananenscheiben in den Teig legen und sorgfältig wenden. Sofort servieren.

orientalisch

Orangencrêpes mit Orangen-Dattel-Füllung

für 4 Personen als Mahlzeit
für 6 Personen als Dessert

Teig

3 dl/300 ml Milch

1 unbehandelte Blondorange,
   abgeriebene Schale und Saft

1 EL flüssige Butter

3 frische Eier

100 g Dinkel- oder Weizen-
   weißmehl/Mehltype 550/630

1 Prise Meersalz

Bratbutter/Butterschmalz
   zum Ausbacken

Füllung

4 Blondorangen

10 Datteln

250 g Rahm-/Sahnequark

2 EL Akazienblütenhonig

½ TL Ingwerpulver

3 EL Mandelblättchen

1

Für den Teig Milch, 1 dl/100 ml Orangensaft, abgeriebene Orangenschalen, Butter sowie Eier verquirlen. Mehl und Salz beifügen und zu einem glatten Teig rühren. 30 Minuten zugedeckt quellen lassen.

2

Für die Füllung die Orangen großzügig schälen und auch die weiße Haut entfernen. Fruchtfilets mit einem scharfen Messer aus den einzelnen Zwischenhäuten herauslösen und den Saft auffangen. Die Orangenfilets beiseite legen. Die Datteln entsteinen und in feine Streifen schneiden.

3

Quark, Akazienblütenhonig, Ingwerpulver und aufgefangenen Orangensaft verrühren.

4

In einer beschichteten Bratpfanne wenig Bratbutter nicht zu stark erhitzen und aus dem Teig 6 bis 8 Crêpes ausbacken. Immer wieder ein wenig Bratbutter in die Pfanne geben. Crêpes auskühlen lassen.

5

Die Crêpepfanne mit Haushaltpapier ausreiben. Die Mandelblättchen darin ohne Fettzugabe rösten, bis sie fein duften.

6

Die Crêpes mit der Quarkcreme bestreichen. Orangenfilets und Dattelstreifchen darauf verteilen. Mandelblättchen darüber streuen. Die Crêpes falten.

eisig

Kokoscrêpes mit Schokoladen-sauce und Bananeneis

für 6 bis 8 Personen als Dessert

Teig

3 dl/300 ml Milch

1 EL flüssige Butter

3 frische Eier

100 g Dinkel- oder Weizen-
   weißmehl/Mehltype 550/630

4 EL Kokosnussraspel

1 Prise Meersalz

Bratbutter/Butterschmalz
   zum Ausbacken

Bananeneiscreme

3 reife Bananen

50 g Akazienblütenhonig

3 EL Zitronensaft

3½ dl/350 ml Rahm/Sahne

Schokoladensauce

100 g Zartbitter-Schokolade

1½ dl/150 ml Rahm/Sahne

1–2 Bananen zum Belegen

1

Für die Eiscreme die Bananen schälen und in Scheiben schneiden, mit dem Akazienblütenhonig und dem Zitronensaft pürieren. Den Rahm steif schlagen , unterziehen. Die Bananencreme in eine Tiefkühldose füllen und im Tiefkühler fest werden lassen.

2

Für den Teig Milch, Butter und Eier verquirlen. Mehl und Salz beifügen, zu einem glatten Teig rühren. Kokos-nussraspel unterrühren. 30 Minuten zugedeckt quellen lassen.

3

In einer beschichteten Bratpfanne wenig Bratbutter nicht zu stark erhitzen und aus dem Teig 6 bis 8 Crêpes ausbacken. Immer wieder ein wenig Bratbutter in die Pfanne geben.

4

Die Zartbitter-Schokolade in kleine Stücke brechen, mit dem Rahm in einer kleinen Pfanne leicht erwärmen, bis die Schokolade geschmolzen ist. Glatt rühren.

5

Die noch warme Schokoladensauce auf die Crêpes verteilen. Die Bananen schälen, quer halbieren und längs in feine Scheiben schneiden, auf die Crêpes legen, falten. Mit einer Kugel Bananeneis servieren.

grell

Crêpes mit Kirschen und Ananas

für 4 Personen als Mahlzeit
für 6 Personen als Dessert

Teig

2 dl/200 ml Milch

1 dl/100 ml Wasser

1 EL flüssige Butter

3 frische Eier

100 g Dinkel- oder Weizen-
weißmehl/Mehltype 550/630

1 Prise Meersalz

einige entsteinte rote
Herzkirschen (aus dem Glas)

Bratbutter/Butterschmalz
zum Ausbacken

Füllung

1 reife Baby-Ananas

200 g entsteinte rote Herzkirschen
(aus dem Glas)

1 dl/100 ml Weißwein

1 unbehandelte Zitrone

2 TL Bourbon-Vanillezucker

250 g Rahm-/Sahnequark

wenig Akazienblütenhonig
nach Belieben

Zitronenmelisse für die Garnitur

1

Für den Crêpeteig Milch, Wasser, Butter und Eier
verquirlen, Mehl und Salz beifügen, zu einem glatten
Teig rühren. Mindestens 30 Minuten zugedeckt
quellen lassen. Die Herzkirschen vierteln, beifügen.

2

Die Ananas oben und unten kappen. Die Frucht schälen,
die braunen Noppen mit einem spitzen Messer aus-
stechen, Ananas längs halbieren, den harten Strunk herausschneiden. Das Fruchtfleisch klein würfeln, den
Saft auffangen.

3

Weißwein und Ananassaft in eine kleine Pfanne gießen.
Die Zitronenschale dazu reiben, den Vanillezucker
unterrühren, aufkochen, erkalten lassen. Den Rahm-
quark unterrühren und nach Belieben mit Akazienblütenhonig süßen.

4

In einer beschichteten Bratpfanne wenig Bratbutter
nicht zu stark erhitzen. Den Teig nochmals aufrühren.
6 bis 8 Crêpes ausbacken. Immer wieder ein wenig
Bratbutter in die Pfanne geben. Die Crêpes auskühlen
lassen.

5

Crêpes mit der Quarkcreme bestreichen. Die Ananas-
würfelchen und die Herzkirschen darauf verteilen.
Die Crêpes zusammenklappen. Mit der Zitronenmelisse
garnieren.

Kinder

Den Weißwein durch Apfelsaft ersetzen.

Blinis
Pancakes

indisch

Maisblinis

Vorspeise für 6 Personen

Teig

2 dl/200 ml Milch

2 frische Eier

1 EL Olivenöl extra nativ

70 g feines Maismehl

70 g Dinkel- oder Weizen-
  vollkornmehl

½ TL Meersalz

1 TL Weinsteinbackpulver

Olivenöl extra nativ
  zum Ausbacken

Mais-Jogurt-Raita

1 EL Olivenöl extra nativ

½ TL Senfkörner

50 g Maiskörner (aus dem Glas)

1 Msp fein gehackter Ingwer

1 Knoblauchzehe

1 Becher Naturjogurt (200 g)

Kreuzkümmelpulver

Meersalz

frisch gemahlener Pfeffer

1 Prise Currypulver

1 Prise Kurkuma (für die Farbe)

geräucherter Lachs,
  nach Belieben

1

Für den Teig Milch, Eier und Olivenöl verquirlen. Mais- und Dinkelmehl, Salz sowie Backpulver zufügen und zu einem glatten Teig rühren. Mindestens 30 Minuten zugedeckt quellen lassen.

2

Für die Sauce die Senfkörner im heißen Öl wenden, bis die Körner platzen. Senf- und Maiskörner, Ingwer und durchgepresste Knoblauchzehe unter den Jogurt rühren. Würzen.

3

In einer beschichteten Bratpfanne wenig Olivenöl nicht zu stark erhitzen. Den Teig in kleinen Portionen, etwa 2 Esslöffel oder 1 Schöpflöffel je Blinis, in die Pfanne geben und bei mittlerer Hitze beidseitig backen.

Varianten

Anstelle der Mais-Jogurt-Raita Schlagrahm/-sahne mit frisch geriebenem Meerrettich aromatisieren oder mit Avocadopüree, Tomatenwürfelchen sowie fein geschnittenem Rucola anreichern.

cheese

Gefüllte Käseblinis mit roher Tomatensauce

Mahlzeit

Teig

2½ dl/250 ml Milch

1 dl/100 ml Wasser

3 frische Eier

5 EL Buchweizen

150 g Dinkel- oder
  Weizenvollkornmehl

100 g geriebener Gruyère

2 Prisen Muskatnuss

Meersalz

frisch gemahlener Pfeffer

Bratbutter/Butterschmalz
  zum Ausbacken

Avocadocreme

2 reife Avocados

½ Zitrone, Saft

1 Knoblauchzehe, gehackt

Meersalz

frisch gemahlener weißer Pfeffer

Rohe Tomatensauce

500 g reife Tomaten

1 EL Olivenöl extra nativ

Meersalz

frisch gemahlener Pfeffer

1

Den Backofen auf 200 °C vorheizen. Den Buchweizen auf ein Backblech verteilen, im Backofen unter mehrmaligem Bewegen kurz rösten.

2

Für den Teig Milch, Wasser und Eier verquirlen. Mehl zufügen, zu einem glatten Teig rühren. Käse und gerösteten Buchweizen unterrühren, würzen. Den Teig mindestens 30 Minuten zugedeckt quellen lassen.

3

Avocados halbieren, den Kern entfernen, Fruchtfleisch herauslösen, mit Zitronensaft und gehacktem Knoblauch pürieren, mit Salz und Pfeffer würzen. Wenn man die Creme länger stehen lässt, dann den Avocadokern zugeben; er verhindert das Verfärben der Sauce.

4

Die Tomaten an der Spitze kreuzweise einschneiden, in einem Schaumlöffel in kochendes Wasser tauchen, bis sich die Haut löst. Die Tomaten unter kaltem Wasser abschrecken, dann schälen, den Stielansatz kreisförmig herausschneiden, die Tomaten klein würfeln. Öl unterrühren, mit Salz und Pfeffer würzen.

5

In einer beschichteten Bratpfanne wenig Bratbutter erhitzen. Den Teig in kleinen Portionen, etwa 2 Esslöffel oder 1 Schöpflöffel pro Blinis, in die Pfanne geben, bei mittlerer Hitze backen.

6

Die Avocadocreme zwischen die Blinis streichen. Die Tomatensauce separat dazu servieren.

speziell

Kastanien-Buchweizen-Blinis mit Lauch

Mahlzeit

Teig

4 dl/400 ml Milch

4 frische Eier

2 EL Olivenöl extra nativ

140 g Kastanienmehl
   (aus luftgetrockneten Kastanien)

140 g Buchweizen- oder
   Dinkelvollkornmehl

½ TL Meersalz

1 TL phosphatfreies Backpulver

Olivenöl extra nativ oder
   Bratbutter/Butterschmalz
   zum Ausbacken

Gemüse

2 EL Olivenöl extra nativ

700 g mittelgroße Lauchstangen

2 EL mittelscharfes Currypulver

1½ dl/150 ml Weißwein

Gemüsebrühepulver

Meersalz

frisch gemahlener Pfeffer

Buchweizensprossen
   für die Garnitur

1

Für den Teig Milch, Eier und Olivenöl verquirlen. Kastanien- und Buchweizenmehl, Salz und Backpulver zufügen, zu einem glatten Teig rühren. Mindestens 30 Minuten zugedeckt quellen lassen.

2

Den Lauch putzen und schräg in Stücke schneiden, im Olivenöl andünsten, Curry darüber streuen, mit dem Weißwein ablöschen, den Lauch knackig garen, mit Gemüsebrühepulver, Salz und Pfeffer würzen.

3

In einer nicht klebenden Bratpfanne wenig Olivenöl oder Bratbutter erhitzen. Den Teig aufrühren, in kleinen Portionen, etwa 2 Esslöffel oder 1 Schöpflöffel pro Blinis, in die Pfanne geben, bei mittlerer Hitze backen.

4

Die Blinis mit dem Lauch anrichten. Mit Buchweizensprossen garnieren.

herbstlich

Kastanien-Dinkel-Blinis mit Zwetschgenkompott

Dessert

Teig

2 dl/200 ml Milch

2 frische Eier

50 g Kastanienmehl
(aus luftgetrockneten Kastanien)

50 g Dinkelvollkornmehl

1 Prise Meersalz

Bratbutter/Butterschmalz
zum Ausbacken

Zwetschgenkompott

600 g Zwetschgen

5 EL Vollrohrzucker

1 Msp Zimtpulver

1 Msp Birnbrotgewürz

1 dl/100 ml Rotwein

1 TL Maisstärke

½ dl/50 ml Wasser

Schlagrahm/-sahne

trocken geröstete
Mandelblättchen

1

Für den Teig Milch und Eier verquirlen. Kastanien- und Dinkelmehl sowie Salz zufügen, zu einem glatten Teig rühren. Mindestens 30 Minuten zugedeckt quellen lassen.

2

Für das Kompott die Zwetschgen halbieren, entsteinen und den Stielansatz wegschneiden. Zucker, Gewürze, Rotwein und die mit dem Wasser angerührte Maisstärke aufkochen, die Zwetschgen zugeben und kurz köcheln lassen.

3

In einer beschichteten Bratpfanne wenig Bratbutter erhitzen. Den Teig in kleinen Portionen, etwa 2 Esslöffel oder 1 Schöpflöffel pro Blinis, in die Pfanne geben und bei mittlerer Hitze beidseitig backen.

4

Die Blinis mit dem Zwetschgenkompott anrichten, mit Schlagrahm und Mandelblättchen garnieren.

simpel

Pancake mit Blaubeeren

Dessert für 4 Personen

Teig

2½ dl/250 ml Buttermilch

2 EL flüssige Butter

2 EL Ahornsirup

2 frische Eier

100 g Dinkel- oder Weizen-
weißmehl/Mehltype 550/630

1 TL phosphatfreies Backpulver

1 Msp Meersalz

Bratbutter/Butterschmalz
zum Ausbacken

150 g Blaubeeren
(Kultur-Heidelbeeren)
wenig Ahornsirup nach Belieben

1

Für den Teig Buttermilch, Butter, Ahornsirup und Eier verquirlen. Mehl, Backpulver und Salz beifügen, zu einem glatten Teig rühren. 30 Minuten zugedeckt quellen lassen.

2

In einer beschichteten Bratpfanne wenig Bratbutter erhitzen. Den Teig in kleinen Portionen, etwa 2 Esslöffel oder 1 Schöpflöffel pro Pancake, in die Pfanne geben und bei mittlerer Hitze backen. Warm stellen.

3

Die Pancakes mit den Blaubeeren belegen, mit wenig Ahornsirup beträufeln.

Tipps

Die Pancakes werden besonders luftig, wenn man das Backpulver durch Natronpulver ersetzt. Beim Ausbacken einige Heidelbeeren auf den Teig geben, sorgfältig wenden und fertig backen.

Blaubeeren

Im Handel sind vor allem Blaubeeren, Heidelbeeren aus Kulturen, erhältlich. Mit ein wenig Glück findet man auf dem Markt auch wild wachsende, aromatische Heidelbeeren.

frech

Kastanien-Pancake mit Beeren

für 6 Personen als Dessert

Teig

2 frische Eier

1 EL Vollrohrzucker

1 Prise Meersalz

1¼ dl/125 ml Milch

2 EL flüssige Butter

100 g Kastanienmehl
  (aus luftgetrockneten Kastanien)

Bratbutter/Butterschmalz
  zum Ausbacken

1 Becher (2 dl/200 ml)
  Rahm/Sahne

300 g gemischte Beeren

Vollrohrzucker oder Ahornsirup

Zitronenmelisse
  für die Garnitur

1

Für den Teig Eier, Zucker, Salz, Milch und Butter verquirlen, das Kastanienmehl zugeben, glatt rühren. Den Teig mindestens 30 Minuten zugedeckt quellen lassen.

2

In einer beschichteten Bratpfanne wenig Bratbutter erhitzen. Den Teig in kleinen Portionen, etwa 2 Esslöffel oder 1 Schöpflöffel pro Pancake, in die Pfanne geben und bei mittlerer Hitze backen. Warm stellen.

3

Den Rahm steif schlagen.

4

Die Pancakes auf die Teller legen, den Schlagrahm und die Beeren darauf verteilen, mit ein wenig Vollrohrzucker bestreuen oder mit Ahornsirup beträufeln. Mit Zitronenmelisse garnieren.

Eierkuchen

luftig

Schaumomelett mit Cherrytomaten

für 2 Personen als Mahlzeit

1

Für den Teig Milch, Eigelbe und Mehl glatt rühren, mit Salz, Pfeffer und Muskat würzen. Teig 15 Minuten zugedeckt quellen lassen.

2

Das Eiweiß zu steifem Schnee schlagen, sorgfältig unter die Teigmasse ziehen.

3

In zwei beschichteten Bratpfannen wenig Maiskeimöl nicht zu stark erhitzen. Je die Hälfte der Teigmasse in jede Pfanne geben und bei schwacher Hitze 1 bis 2 Minuten backen. Cherrytomaten mit der Schnittfläche nach oben auf die Omeletts setzen, leicht salzen. Bei schwacher Hitze fertig backen. Sobald die Teigmasse gestockt ist und sich vom Pfannenboden lösen lässt, die Omeletts auf vorgewärmte Teller gleiten lassen. Mit Oreganoblättchen garnieren.

2 dl/200 ml Milch

3 Eigelbe von frischen Eiern

75 g Dinkel- oder Weizen-
   weißmehl/Mehltype 550/630

1 Msp Meersalz

frisch gemahlener Pfeffer

Muskatnuss

3 Eiweiß

5–7 Cherrytomaten, halbiert

1–2 Oreganozweigchen

Maiskeimöl zum Backen

Tipp

Mit einem bunten Sommersalat servieren.

Variante

Für ein klassisches Schaumomelett kein Mehl, dafür mehr Eier nehmen. Mit fein gehacktem oder durchgepresstem Knoblauch und fein geschnittenem Basilikum würzen.

leicht

Kräuteromelett auf Gemüse

für 1 Person als Mahlzeit

1 Portion Saisongemüse
Gemüsebrühe

Omelett

2 frische Eier
2 EL kohlensäurehaltiges
   Mineralwasser
Meersalz
frisch gemahlener Pfeffer
1 Knoblauchzehe, fein gehackt
2 EL fein gehackte Kräuter

Olivenöl extra nativ zum Braten

1
Gemüse putzen/schälen und in mundgerechte Stücke schneiden, in wenig Gemüsebrühe knackig garen.

2
Eier und Mineralwasser verquirlen, mit Salz und Pfeffer würzen, Knoblauch und Kräuter zugeben.

3
Eine beschichtete Bratpfanne mit Olivenöl einpinseln, Bratpfanne aufheizen, Eiermasse zufügen und bei mittlerer Hitze 20 Sekunden braten, bis der Rand brutzelt, nicht rühren. Sobald das Omelett auf der Unterseite gestockt ist, dieses anheben, damit das noch flüssige Ei auf den Pfannenboden fließen kann, und das Omelett fertig braten. Auf dem Gemüse anrichten.

pfiffig
Gemüsepuffer mit Pilzragout

für 2 Personen als Mahlzeit

Gemüsepuffer

200–300 g Spinat
100 g Karotten
1 Zweiglein Thymian
½ Bund Petersilie
wenig roter Peperoncino
50 g Sojasprossen
2 frische Eier
1 unbehandelte Zitrone,
   wenig abgeriebene Schale
Meersalz
frisch gemahlener Pfeffer

Olivenöl extra nativ
   zum Ausbacken

Pilzragout

1 EL Olivenöl extra nativ
200 g Eierschwämmchen/
   Pfifferlinge
1 Knoblauchzehe
wenig Gemüsebrühe
Kräutermeersalz
frisch gemahlener Pfeffer

Sprossen für die Garnitur

1

Den Spinat waschen, trocken schleudern, in Streifen schneiden. Die Karotten schälen und grob raspeln. Die Thymianblättchen abzupfen. Petersilie fein hacken. Den Peperoncino aufschneiden, entkernen und in Streifchen schneiden. Die Sprossen grob hacken. Den Spinat und die Karotten über Dampf kurz garen, auskühlen lassen. Eier verquirlen, sämtliche Zutaten zugeben, mit Salz und Pfeffer würzen.

2

Die Pilze mit einem trockenen Tuch abreiben. Je nach Größe halbieren, vierteln oder in Streifen schneiden. Die geschälte Knoblauchzehe zu den Pilzen pressen, im Olivenöl bei starker Hitze anbraten, wenig Gemüsebrühe zugeben, 2 bis 3 Minuten offen köcheln lassen, mit Salz und Pfeffer abschmecken.

3

In einer beschichteten Bratpfanne wenig Olivenöl nicht zu stark erhitzen. Puffermasse mit einem Esslöffel oder Schöpflöffel portionieren, bei mittlerer Hitze backen.

4

Die Gemüsepuffer mit dem Pilzragout anrichten, mit den Sprossen garnieren.

Tipp

Mit einem bunten gemischten Salat servieren.

würzig

Lauchpuffer mit Sprossen

Mahlzeit

300 g junger Lauch

4–5 frische Eier

50 g Mungosprossen

Kräutermeersalz

frisch gemahlener Pfeffer

½ TL Provencekräuter

Olivenöl extra nativ
  zum Ausbacken

Zwiebel- und Chinakohlsprossen
  für die Garnitur, nach Belieben

Zitronenscheiben

1

Den Lauch putzen und in feine Streifen schneiden, über Dampf etwa 5 Minuten garen, in ein Sieb geben und unter kaltem Wasser abschrecken, abtropfen lassen.

2

Die Eier verquirlen, den Lauch und die Sprossen unterrühren, würzen.

3

Wenig Öl in einer beschichteten Bratpfanne nicht zu stark erhitzen. Das Lauch-Sprossen-Gemisch mit einem Esslöffel oder Schöpflöffel portionieren, in die Pfanne geben. Die Puffer bei mittlerer Hitze auf beiden Seiten etwa 3 Minuten backen.

4

Die Puffer mit den Sprossen garnieren, mit Zitronenscheiben servieren.

Tipp

Mit Ofenkartoffeln servieren.

rassig

Zwiebelomelett mit Gemüsestäbchen

für 1 Person als Mahlzeit

Füllung

1 Portion Saisongemüse,
z. B. Karotten, Knollensellerie,
Kohlrabi, Peperoni/Gemüse-
paprika, Zucchini usw.
Meersalz
frisch gemahlener Pfeffer

Omelett

2 frische Eier
Meersalz
frisch gemahlener Pfeffer
1 mittelgroße Zwiebel

Olivenöl extra nativ
zum Ausbacken

1
Gemüse putzen/schälen, in zündholzfeine Stäbchen
schneiden, in wenig Olivenöl bissfest dünsten, würzen.

2
Die Eier verquirlen, mit Salz und Pfeffer würzen. Die
geschälte Zwiebel in hauchdünne Scheiben schneiden
und zugeben.

3
Eine beschichtete Bratpfanne mit Olivenöl einpinseln,
Bratpfanne aufheizen, Eiermasse zufügen. Bei mittlerer
Hitze 20 Sekunden braten, bis der Rand bruzelt, nicht
rühren. Sobald das Omelett auf der Unterseite gestockt
ist, dieses anheben, damit das noch flüssige Ei auf
den Pfannenboden fließen kann und das Omelett fertig
braten. Mit dem Gemüse füllen.

königlich

Kaiserschmarren mit Rhabarber-Erdbeer-Kompott

Dessert

Teig

100 g Dinkel- oder Weizen-
  weißmehl/Mehltype 550/630
¼ TL abgeriebene Schale
  einer unbehandelten Zitrone
1 Msp Zimtpulver
½ TL Bourbon-Vanillezucker
1 Prise Meersalz
30 g Akazienblütenhonig
1½ dl/150 ml Milch
2 Eigelbe von frischen Eiern
2 Eiweiß

Bratbutter/Butterschmalz
  zum Ausbacken
1 EL Butter

2 EL Rosinen, Rum oder Wasser
2 EL trocken geröstete
  Mandelstifte

Kompott

500 g roter (Erdbeer-)Rhabarber
200 g Erdbeeren
2 EL Bourbon-Vanillezucker
¼ TL Kardamompulver

wenig Puderzucker

1
Rosinen über Nacht in Rum oder Wasser einweichen.

2
Für den Teig Mehl, Zitronenschalen, Zimt, Vanillezucker und Salz mischen. Honig, Milch und Eigelbe zugeben, Teig dickflüssig rühren. Etwa 30 Minuten zugedeckt quellen lassen.

3
Für das Kompott den Rhabarber je nach Dicke in 1 bis 2 cm lange Stücke schneiden. Erdbeeren waschen, entstielen. Die Hälfte der Erdbeeren pürieren, den Rest je nach Größe halbieren oder vierteln. Rhabarber, Erdbeerpüree, Vanillezucker und Kardamompulver bei schwacher Hitze kochen, bis der Rhabarber knapp weich ist. Abkühlen lassen. Erdbeeren beifügen.

4
Eiweiß zu Schnee schlagen, unter den Teig ziehen.

5
In einer beschichteten Bratpfanne wenig Bratbutter nicht zu stark erhitzen. Die ganze Teigmenge in die Pfanne geben, bei schwacher Hitze backen, ohne die Teigmasse zu berühren. Vorsichtig wenden und nicht ganz fertig backen. Den Eierkuchen in der Pfanne mit zwei Gabeln in 2 bis 3 cm große Stücke reißen. Die Butter (1 TL) beifügen, zerlassen, Kaiserschmarren darin wenden. Die abgetropften Rosinen und die Mandelstifte untermischen.

6
Kaiserschmarren mit Puderzucker bestäuben, mit dem Rhabarber-Erdbeer-Kompott anrichten.

Register